허영만의 주식타짜
슈퍼개미 이세무사

| 일러두기 |

1. 이 만화는 2019년 실제 투자 상황을 만화로 그려낸 '허영만의 6000만 원'에 실렸던 슈퍼개미 이정윤 인터뷰가 원본입니다.
2. 이후 출간된 〈허영만의 주식 타짜〉, '가치평가의 대가들' 가운데 대표 타짜로 실렸습니다.
3. 2025년 5월 이 세무사(이정윤)의 실천 투자기법과 투자 노하우를 추가하여 개정판으로 출간합니다.

허영만의 주식타짜
슈퍼개미 이세무사

글·그림 **허영만**

가디언

작가의 말

"하룻강아지 범 무서운 줄 모른다"는 속담처럼
왕초보 저 허영만은 나이 일흔 넘어 겁 없이 주식투자에 도전했습니다.
첫 투자금 3000만 원은 다섯 분 고수의 도움을 받은 덕분에
다행히 얼마간 수익을 남겼습니다(수익률 31.92%).
초보치고 준수한 편이었습니다.

무모한 자신감으로 2019년에는 종잣돈을 6000만 원으로 올렸습니다.
하지만 시시각각 변하는 세상에 치열하게(?) 돈을 까먹으며
실전 공부를 했습니다.
2025년 트럼프의 관세전쟁과 같은 현실은
각종 주식 관련 책 속에는 없습니다.

호랑이 사냥, 고래 사냥에 나섰다가 한강 다리 위에도 서봤던
산전수전 다 겪은 고수들을 만나기로 했습니다.
과연 주식시장에서 허투루 돈 번 사람은 없었습니다.
피눈물을 삼켜본 고수들은 자신만의 투자 방법이 있었습니다.
그들은 저에게
"투자 원칙은 지키되 자신만의 투자 방법을 가져라"라고 합니다.

저에게는 꿈이 있습니다.
1년 중 한 달은 골프장에 가서 라운딩한 다음,
와인을 곁들인 저녁을 먹고 집에 들어와
손주와 말린 대추야자를 먹다가 아무 데서나 잠드는 것입니다.
그 꿈을 이루기 위해
슈퍼개미 이세무사를 다시 만나러 가보겠습니다.

허영만

| 차례 |

작가의 말 • 4

| 1화 | 공신력 있는 투자자 • 9

| 2화 | 부자가 꿈입니다! • 25

| 3화 | "아빠 뭐하셔?" • 41

| 4화 | 무조건 살아남아야 합니다 • 61

| 5화 | 삼박자 투자법 1 • 81

| 6화 | 시장이 좋지 않을 때 • 101

| 7화 | 8T 투자 성공 법칙 • 117

8화	**실전 투자 기법 8테크** · 129
9화	**삼박자 투자법 2** · 141
10화	**성장주에 투자하라!** · 149
11화	**포트폴리오 운영법** · 157
12화	**부자의 공식** · 169
13화	**성공 투자자가 되는 꿀 TIP** · 181

1화

공신력 있는 투자자

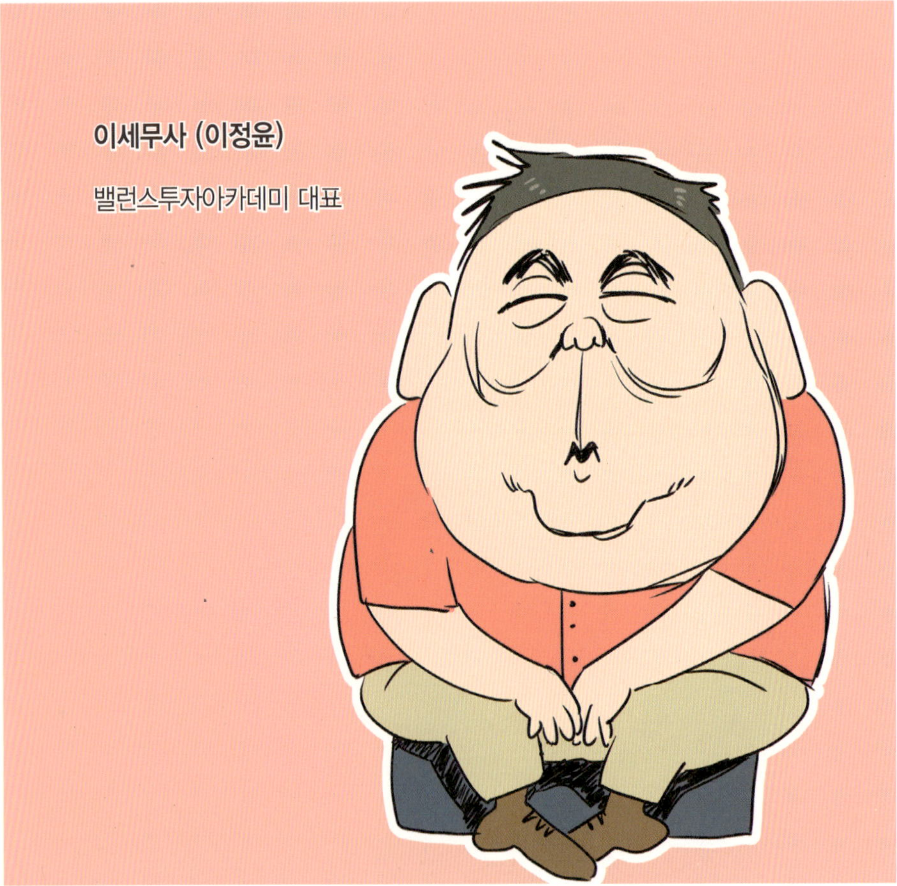

이세무사 (이정윤)

밸런스투자아카데미 대표

주식거래하는 사무실 가면
이렇게 과자를 내놓던데 왜 그런가요?

오늘 인터뷰 요지는 아시죠?
주식 만화에 넣을 겁니다.

선물로 책 가져왔습니다.

아, 이 책 있습니다.
네 권 다 읽었습니다.

와우! 원래 있었군요!

전작 주식 만화《3천만원》에서 얘기했듯이
저는 돈 생기면
전에는 부동산을 샀었고,
요새는 은행에 맡겨두고 끝이거든요.

바보라고요.

그래서 독자들은 주식에
신경을 써보시라는
제안식 만화입니다.

마누라가 남편이《3천만원》주식 만화 하는 걸 보고
주식에 손댈까 봐 조마조마했었는데
주식 만화가 끝나니까 '휴~' 하고 한숨을 쉬더라고요.

그런데 작년 가을에 퇴근해서 집엘 가니까
마누라가 눈이 둥그레 가지고
"아니! 웬 주식을 이렇게 많이 샀어?"

어떻게 알았나 했더니 은행에서 집으로
투자 현황을 알리는 편지를 보낸 겁니다.

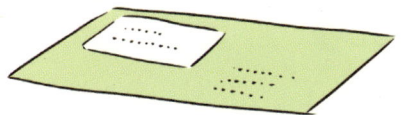

그때가 주식시장이 무척 안 좋을 때였고
실제로 주가 떨어지는 소리가 초상집 곡소리마냥
그치질 않을 때였다.

마누라는 나만 보면 말했다.

얼마 손해났어?
지금이라도 손 털어요, 제발.

아닌 게 아니라 매수 초기에는 20% 수익이 났던 것이
나중엔 추락해서 최고 20%까지 손실을 보고 있었다.

선수들 같으면
손절했겠지만
꿋꿋이 버텼다.
조금씩 조금씩
반등하기 시작했다.

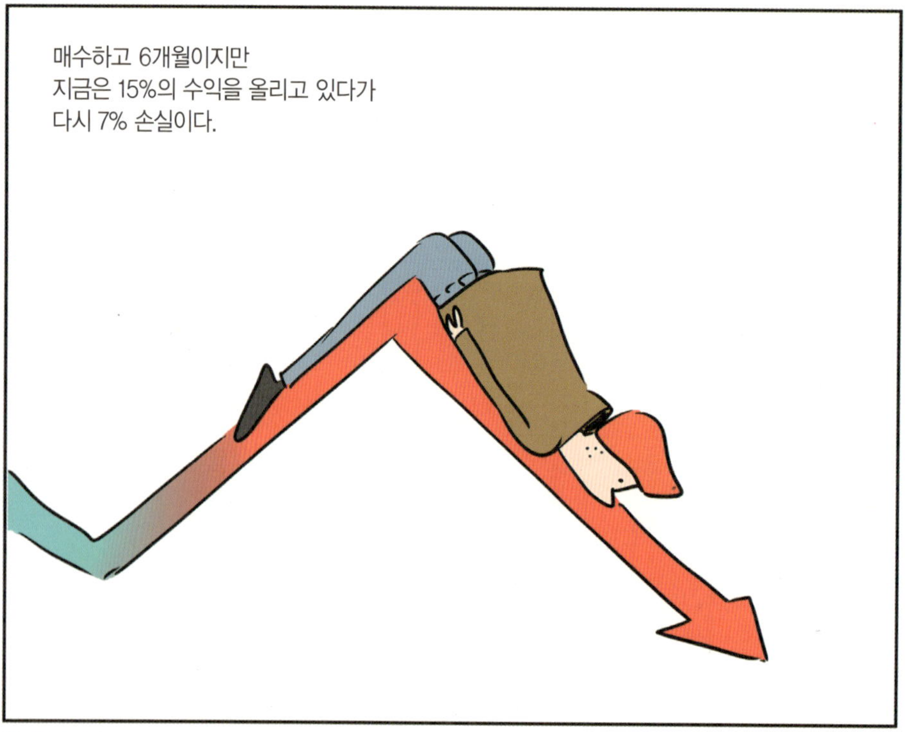

매수하고 6개월이지만
지금은 15%의 수익을 올리고 있다가
다시 7% 손실이다.

노후 자금을 일부 투자한 이유는 이렇다.

3~4년 후 라면으로
끼니를 때울 것인가!

아니면 칼질하면서
와인을 마실 것인가!

남편과 부인이 서로 모르게 주식거래를 한다.

수익이거나 손실이거나 말을 하지 않고 넘어간다.

수익이 생기면 자신의 비상금이 늘어나고
손실이 생기면 상대에게 욕먹기 싫어서다.
그래서 말을 아낀다.

이 바닥에서 투자로 성공을 했다 하면
어느 정도 액수를 얘기하는 거죠?

운동선수 같으면 랭킹이 있으니까
가늠하기 쉽고
바둑이라면 단을 얘기하니까
알기 쉽지만
주식은 사실 잘 알 수가 없어요.

나 100억 벌었어

이러면 통장을 보여줄 수도 없는 것이고….
혹은 이걸 앞세워 무슨 일을 꾸미고 있는
사기꾼일 수도 있고….

그래도 소문이 도는
투자자가 있을 것 아닙니까?

성공했다는 것의
공신력이 있습니다.

박영옥 주식농부 같은 분은
한 종목을 5% 이상 소유해서
지분 공시를 몇 번 했기 때문에
대외적 신뢰가 있는 것이죠.

아! 최소한
지분 공시 한 정도는
벌었구나

● **대량 보유 보고(일명 5% 룰)**
지분공시제도 중 하나. 특수 관계자를 포함한 개인이나 법인이 상장회사의 지분을 5% 이상 보유하게 된 자는 그 날부터 5일 이내에 보유 상황을 금융감독거래위원회와 거래소 또는 협회에 보고해야 한다는 규정.

또 투자 대회에서 입상을 하면
공신력 있는 투자자라고 생각합니다.

우리나라에 이 두 가지를 함께 한 투자자가 없는데
그 이유는 주로 5% 지분 공시는 장기 투자자들이 하고,
투자 대회 입상은 단기 투자자들이 하기 때문입니다.

그런데 저는 5% 지분 공시도 했었고
키움증권 실전투자대회에서
4년 연속 수상(2013~2016년)도 했기 때문에
자의 반 타의 반 공신력이 있는 투자자라…
생… 각….

주식 투자자 중 여유 자금을 가지고 투자한다면
중장기 투자를 선호할 것이고,
적은 돈으로 하루 종일 매매하는 사람들은
투자 대회 우승자를 선호할 것이다.

2화
부자가 꿈입니다!

어떻게 이 바닥에
들어오셨는지
과거 얘기 좀 해주세요.

저는 26살에 공군 입대해서
28살에 결혼을 했어요.
병장 제대하기 전에요.

28살에 결혼?
그것도 공군 병장이?
뭐가 급해서?

저의 집도
불교 집안이고
아내 집도
불교 집안인데

불교에서는
아홉수가 불길하다고
29살 2월에 제대하고
결혼한다니깐
안 된다는 거예요.

28살에 결혼 못 하면
29살 한 해는 꼬박 넘겨야 하는데
그러고 싶지는 않았던 거죠.

공군 병장 말년 휴가 겸
처가댁 친척들과 상견례를 했다.

그 자리에 참석한 친척 아저씨께서 술을 권하면서

그래,
어느 회사
다니나?

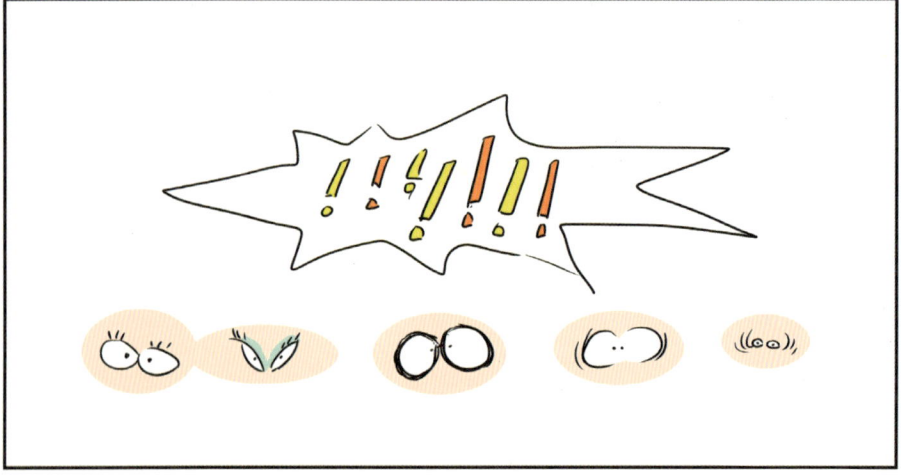

이정윤은 어렸을 때부터
부자가 되는 것이 꿈이었다.

구체적으로 미래의 꿈이
대통령, 연예인, 선생님, 만화가 등이 아니고 그냥 부자.

집안이 부자도 아니었고,
의대나 법대를 나와서 미래가 확실한 것도 아니었다.

부자가 되기 위한 첫 번째 구체적 시도는
갬블러가 되는 것이었다.

타짜의 고니

아무것도 가지지 않은 자가
빨리 돈을 벌 수 있는 방법은 도박이었다.

100만 원 가지고
1억 벌면 부자 되는 거지.

1억 가지고 100억 벌면
부자 되는 거지.

고등학교, 대학교 때 〈타짜〉 만화, 영화를 수십 번 봤어요. ㅎㅎ~

하하~

그래서 도박도 해보고 경마도 해봤지만 그것은 부자가 되는 방법이 절대 아니었다.

결국 게임 머니는 현장에서 전부 가져간다는 계산이 나왔다. 경마장이나 하우스나 카지노에 갖다 바치는 수수료가 높았다.

당시 주식은 0.4% 정도 거래세를 냈어야 했는데
다른 도박에 비하면 무척 양호했다.

주식은 테이블 머니에서
삥 뜯어 가는 것이
아주 조금인데….

대학교 때와 군대 근무 때 집중적으로 공부했다.

주식 공부를 제대로 하면
큰돈을 벌 수 있겠다.

군대에서 복무하는 동안 모은 돈 100만 원 정도로
주식 계좌를 트고 거래하기 시작했다.

이 병장 어디 갔어?

또 전화하고 있어요.

예, 그거 시세대로 30주 사주세요.

군대에서 행정병이었기 때문에 신문 구독이 가능했다.
96년, 97년, 98년 군 복무 동안 군대에서 IMF를 겪었다.

여지없이 IMF 얘기가 나오는구나.

지금 밖에는 난리들 났어. IMF 때문에 경제 상태가 엉망이야.

주가는 매일매일 폭락하고 회사는 맥없이 쓰러지고…. 어휴~

제대하기 겁난다.

이정윤은 99년 2월에 제대했다.

이젠 매일 같이 자자!

자기야!

주식으로 20년 동안 잘해왔는데
남들이 비결이 뭐냐고 물으면
'투자를 시작할 때 운이 좋았고,
그 운을 노력으로 잘 지켜냈다'고 말합니다.

98년에 IMF가 끝나고
99년은 주가가 팍팍 뛰어오르던 때였다.

저는 경영학을 전공했고,
주식을 공부해서
제대 후 99년, 2000년 2년 동안
제 친구들이 한 달에 200만 원 월급 받을 때
저는 주식으로 한 달에 5000만 원 벌었거든요.

김대중 대통령은 임기를 시작하면서
경제정책을 최우선으로 펼쳐나갔다.

그때 코스닥 시장이 열렸다.

도날드 덕!
코스닥!

40대, 50대 투자자들은 코스닥을 무시했다.

젊은이들은
500만 원, 1000만 원 가지고
10억, 20억 벌었대.

흥! 도박하는 거야.
얼마나 가겠어?

벤처 열풍이 불었다.
나이 든 투자자들은 벤처를 쳐다보지도 않았다.

그러나 벤처 투자 종목들에서 수익이 많이 생겼다.
이제는 나이 든 투자자들도 인정하지 않을 수 없었다.

우리를 하늘 같이 보던
젊은이들이
한참 위에서 놀고 있구만.

하이고~

3화

"아빠 뭐하셔?"

1999년, 2000년 장은
30배 수익, 50배 수익도 나왔으니까
요즘 '두 배 먹었네' 하는 정도는
크게 안 느껴져요.

2017년 한 해 상승률이 제일 높았던 건 신라젠인데
1월 1일 시작부터 12월 말 끝날 때까지 8배 정도 올랐다.
장중 저점에서 고점까지는 15배 올랐다.

피터 린치(Peter Lynch)가
말하는 텐 배거(Ten Bagger),
즉 10배짜리 종목은 우리나라에서
많이 나오지 않거든요.

2017년에는 10배 오른 종목은 없었고,
2018년에도 없었어요.
올해는 어떻게 될지 두고 봐야겠죠.

세상에 딱 불알 두 쪽인 남자한테 시집온 부인이 대단하시네요.

와이프가 그러더라고요.
그때 벤처 붐이 일었는데,
자기는 나를 벤처기업으로
생각하고 결혼했답니다.

하하!
투자 제대로 하셨네요!

저랑 결혼하면
억울하지 않고
손해 보지 않고
살 것 같았답니다.

선구안이 있으셔.

내 마누라는 결혼 전에
내 뒷조사 다 했어요.
만화가 친구들한테
'허영만이 어떤 사람이냐'라든지
대본소 가서
'허영만 만화 잘 팔리냐'는 등….

그런 분이 주식해야
합니다. ㅎㅎ

딱히 부자가 되고 싶은 이유가 있었어요?

아주 가난한 집안은
아니었지만 그렇다고
하고 싶은 걸
다 할 수 있는
집안은 아니었어요.

부자가 되고 싶었던 이유는
내가 하고 싶은 걸 하고
싶어서였습니다.

어려서 태권도, 피아노, 테니스, 수영을 하는
또래 아이들이 무척 부러웠어요.
커서는 부모 덕으로
해외 유학 가는 사람들이 부러웠고요.

이제는 여유가 있으니까
그때 못한 취미 생활을
하고 있습니다.

아이스하키, 테니스,
보드도 정식으로 배웠고
경희대학교 와인 석사과정을
이수했습니다.

20대 후반, 결혼생활을
지방의 작은 13평 전셋집에서 시작해서
주식 시작한 지 2년 만에
강남에 30평대 아파트로 이사했지요.
그때를 생각하면 지금도 너무 기분이 좋네요.
3~4년 동안 돈 버는 재미가 너무 좋았어요.

그러더니 돈 버는 재미도 시들해졌다.

장이 예전 같지 않아서
많이 벌지 못했던 것도 원인이었다.

부자가 아니어서 못했던 것 중
하나를 하기로 했다.
해외 유학.

캐나다에서 2년을 보내다 2004년에 귀국했다.

공부는 계속하지 못하고 돌아왔지만 소득은 있었다.
세 식구가 네 식구로 됐으니까.

저는 항상 밑지고는
못 삽니다. ㅎㅎ

귀국해서 고민을 했다.

주식투자 기술은 있고
돈도 있으니까 전업 투자자로 살까?

아직 젊으니까
제도권에 들어갈까?

제도권에 들어가면 뭐가 달라지죠?

40, 50대 될 때까지 제도권 투자 회사의 펀드매니저로 성공해서 직원을 두고 사장을 하고 이런 거죠.

다른 사람들이 우리 아이들에게 아빠 직업이 뭐냐고 물을 때 '주식 투자해요'보다는 '○○ 회사 사장이에요'라고 하는 것이 더 낫다고 그 당시는 생각했었던 거 같아요.

타이틀의 필요성이네요.

학교에서

네 아빠 뭐하셔?

울 아빠 주식 투자가야.
100억 벌었어.

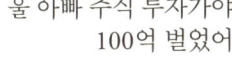

아이들이 100억의 규모를 알 리 없다.

그걸로 아파트
몇 채 살 수 있어?

몰라.

세무사 돼서 열심히 해봐야
1년에 1억 정도 버는 걸
돈 많은 사람이 왜 고생하느냐는
당연한 질문이었다.

사실 의도한 바가 있었다.
세무사 사무실 내 방에서
주식투자를 하고 있었다.

남들이 보기에는 세무 업무가 주업이고
주식투자는 부업이었다.

그러나 내 주업은 주식이었다.

3시에 장이 끝나면
테니스 하러 가고 수영하고….
이런 생활을 10년간 계속했다.

대체로 경제적으로
무난하게 왔군요.

그런데 가끔 불안합니다.

이런 거 있잖아요.
'어렸을 때
놀지 않은 사람은
언젠가는 놀게 되어 있다.'

'총량 불변의 법칙' 이런 거요.

언젠가는 놀고,
언젠가는 술 마시고,
언젠가는 방황하고….
할 짓은 꼭 다 한다 이거죠.

그렇게 따지면
저는 총량 운이 좋았어요.
그래서 가끔
걱정이 됩니다.
한 번은 깨질 수 있다는….

이정윤 대표가 존경하는 외국인 투자자는
제시 리버모어(Jesse Livermore)다.

추세 매매의 창시자이며,
지금도 성공한 투자자들에게 전설의 투자자로 꼽히지만,
리버모어의 일생을 보면 세 번 파산을 했고,
마지막에는 권총 자살로 생을 마감했다.

저는 제시 리버모어의 추세 매매에서
수익을 만들었다면,
제시 리버모어의 인생에서
주식투자의 위험을 보고 배웠습니다.
수익도 중요하지만
위험관리도 매우 중요하다는
사실을요.

4화
무조건 살아남아야 합니다

가끔 강의 나갈 때 보면
주식투자를 너무 쉽게 생각하는 분들이 정말 많아요.

여윳돈이 10억이라면
1000만 원, 1억은 부담 없이 할 수 있다.
허나 재산이 5억인데
5억을 통째 들고나와서 쉽게 하면 안 된다.

뒤에 가족이 있다.

내가 아는
전문 투자가가 둘 있는데
한 사람은 7억,
한 사람은 3억으로
매매를 한대요.

수익이 넘치는 걸
그대로 두면 7억이
8억, 9억 될 텐데
그 액수만 유지하고
넘치는 것은 빼낸대요.

'그렇게 유지해야지
구멍이 생기더라도
크게 생기지 않는다.
내가 꾸려가기
가장 좋은 규모가
이 정도다.'

라고 말하는데
맞는 얘기인가요?

그것은 투자 스타일이나 위험도에 따라
완전히 답이 달라집니다.

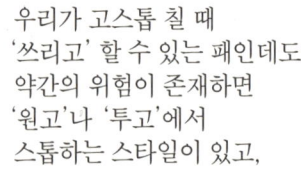

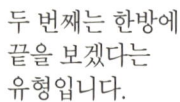

재무 관련해서 위험 인수자와 위험 회피자가 있는데
이 경우는 전적으로 위험 회피자다.

종목도 완전 분산투자이고
넘치는 금액은 덜어내니까
좋은 투자 전략이지만
수익률 측면에서 보면 높지 않다.

위험률이 높을수록
수익률도 높아진다.

만약 그때 '돈을 늘리면 안 돼',
'10종목으로 나눠 들어가야 돼'라고 했더라면
많이 벌어봐야 1억 정도 벌었을 것이다.

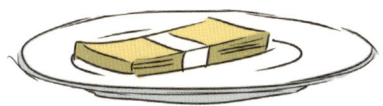

이 문제는,
자신의 운용 금액, 투자 스타일, 나이, 목표 등
여러 가지를 분석해 보면
케이스 바이 케이스다.

정답은 없다.

초기 2년 동안에 많은
돈을 벌었는데
그 돈을 지키는 것도
문제였겠네요.

20년 동안
잘 지키고 있습니까?

지금은 세무사 일을 접고 주식투자에 집중하고 있다.
초기에 만든 수익도 잘 지키고 있다.
이정윤 대표는 살아있는 것이다.

이정윤 대표는 그때 번 돈을
여지껏 지키고 있는 이유를 이렇게 말한다.

본능적으로 위험을 느끼는 감이 있고,
학습으로 위험을 피하는 방법을 배워나갔기
때문이죠.

주식투자자가 1년 만에 돈을 좀 벌고서
스스로 성공했다고 생각하는 것은 매우 위험하다.

상승 장과 하락 장의 사이클을 겪어야 하는데,
적어도 수년이 걸리기 때문이다.

이러다가 하락 장 맞으면
3억 올랐던 것이 2억 빠지고 1억만 남는데
본전은 3억이라고 생각한다.

아까 70만 원까지 땄으니까
본전이 70만 원이지 인마!
계산도 못 하냐?

그리고 원금까지 축이 나면
세상 욕하지
자신을 욕하는 사람은 없다.

초년의 수익은
운이 좋았다고 말했는데
그 운은 아직도 존재해요?

이제는 운에 기대지 않는다.
초기에 성공한 뒤 곧바로 이런 생각을 했다.

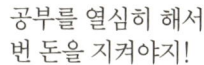

공부를 열심히 해서
번 돈을 지켜야지!

원칙을 세우기 위해서
차트 공부도 하고 서적을 많이 읽었다.

상승 장이 크면
하락 장도 온다.

그때는 어떻게
할 것인가.

2000년 밀레니엄 파동…
노무현 전 대통령 탄핵 위기…
2008년 세계 금융 위기….

주식이 언제든지
반토막 날 수 있는 위기가
여럿 있었지만 잘 버텨냈다.

이 대표는
몇 퍼센트 정도의
수익률을 생각하죠?

목표 수익률이
상당히 낮아졌습니다.

그러나 100억으로 주식투자를 한다면
문제가 생긴다.

100억 원어치를 사려면
며칠 동안 주가를 올리면서 살 수밖에 없고,
100억 주식을 팔려고 하면
내리면서 팔 수밖에 없다.

100만 원으로는 어떤 종목도 살 수 있다.
100억이면 살 수 있는 종목이 100종목 남짓이다.

이런 걸 고려해서
1년 목표 수익률을
30%로 잡고 있습니다.

10억 투자하고 1년에 5000만 원,
즉 한 달에 400만 원 생긴다면
누구도 식당 차리지 않을 것이다.
품값도 나오지 않는다.
내야 할 세금은 하늘에서 떨어지지 않는다.

더구나 융자까지 받아서 투자했다면
계산이 나오지 않는다.

그렇다면 답은 주식투자인가?

5화

삼박자 투자법 Ⅰ

세금 무서워하는 사람은 대부분 돈을 많이 버는 분들이에요.

그런 점에서 주식거래 이익에 원칙적으로 세금이 없다는 건 주식투자의 정말 큰 매력입니다.

세금은 누진세가 적용되니까 수입이 많을수록 더욱더 많아진다.

많이 버니까 많이 내야지!

그런 말 하지 마! 수입의 50%가 세금이야!

상속증여세도 100억을 상속한다면
50% 최고세율이 적용된다.

우리나라는 세금이 센 나라예요.

특히 가업을 승계시키려 해도 세금 낼 돈이 없어서 가업을 포기해야 한다니까.

선생님은 세금 문제 어떻습니까?

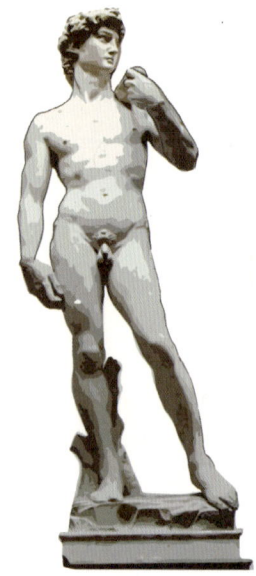

완전히 노출되죠.
속살이 보여요.

캐나다 여행 갔을 때 어느 건축업자가 말했다.

난 1년에 주택
딱 두 채만 짓습니다.

더 벌어봐야
세금으로 다 나가는데
힘들게 일 많이 할
이유가 없죠.

책을 두 권 내셨다고요?
종목을 고르는 것과 관련이 있습니까?

물론입니다.
주식투자의 핵심이 종목을 고르는 일이니까요.
《슈퍼개미의 왕초보 주식수업》과 《삼박자 투자법》을 냈습니다.

삼박자라면?

투자 분석 방법을 크게 세 가지로 구분하는 거죠.

가격이 가치를 따라가는 건 불변의 절대 진리. 가치가 숫자로 나타난 재무제표만 보면 충분해.

가치 분석

과거 주가로 미래 주가를 예측할 수 없다고? 추세 매매를 무기로 수많은 투자자가 세계적인 투자자가 되었지.

차트 분석

재료를 분석하면서 앞으로 나올 공시나 기사 등을 예상해서 선취매 들어가는 스케줄 매매가 최고지.

재료 분석

이렇게 세 가지를 동시에 분석해서 종목을 찾습니다.

한 가지도 복잡한데 세 가지를…. 난 하여간 이런 분석에 약해.

만약 하나만 분석했을 때의 문제점을 생각해 보죠.
예를 들면 재무제표만 분석해서 저평가 우량주를 골랐다면
저평가 상태이니 단기간에 주가가 크게 빠지는 일은 없겠죠.

그런데 이 주식이 저평가 상태로
계속 머무를 수 있다는 문제가 있습니다.
수년 동안 말이죠.
그러다가 우량주가 불량주로 바뀔 수도 있고요.

나 혼자 열심히 찾은 저평가 우량주를
시장에서는 아주 오랫동안
알아주지 않을 수 있는
큰 위험이 도사리고 있다는 겁니다.

이 대표는 삼박자 기법을 충족시켜주는 종목을 고른다.

주식투자는 앞으로 오를 종목을
미리 사야 성공하는 건데,
과연 주가는 왜 오르냐를
근본적으로 생각하자는 거죠.

가치가 저평가되었다고 오르는 것이 아니라
사람들이 매수 주문을 넣어서 오르는 것이다.

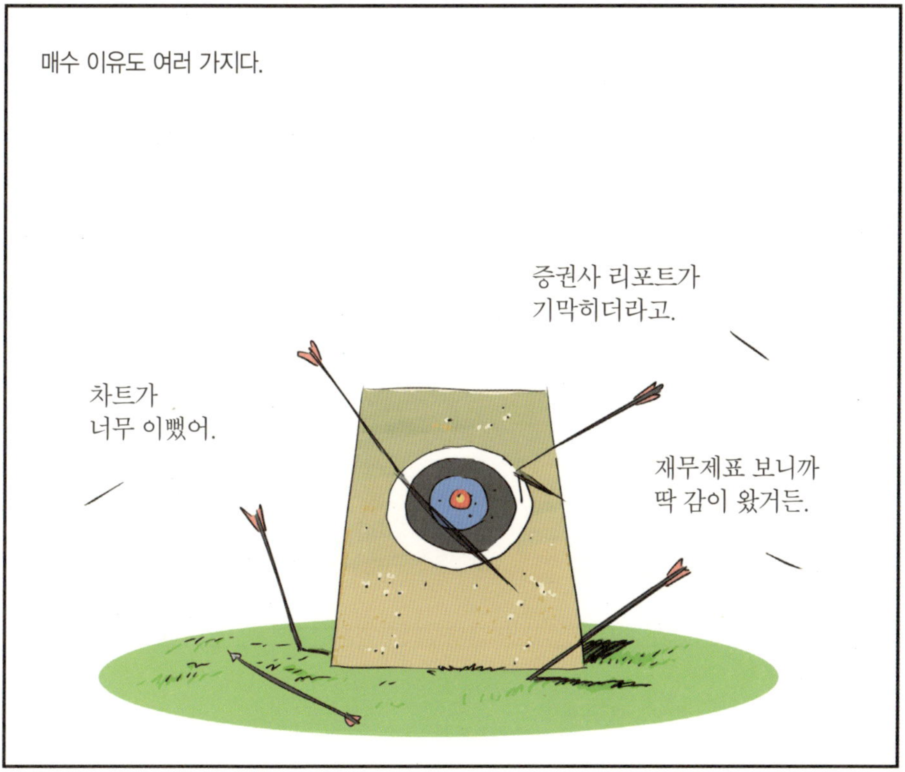

매수 이유도 여러 가지다.

증권사 리포트가
기막히더라고.

차트가
너무 이뻤어.

재무제표 보니까
딱 감이 왔거든.

이 대표는 이 세 가지를 한꺼번에 본다.
어느 각도로 봐도 다 좋은 것을 택한다.

재무제표 분석, 차트 분석, 재료 분석, 수급 분석 등
다양한 분석을 한 투자자들이
각각 매수 주문을 넣을 것이고
그러면 주가가 뛴다.

즉, 주가에 영향을 미칠 수 있는
모든 부분을 종합적으로 고려하여
투자 종목을 선정하자는 것이
저의 투자 방법입니다.

1999년, 2000년에는 IMF 영향권이었는데도 잘하고 있었고,
돈 욕심 줄이고 유학을 갔을 때는 투자금을 줄였으니까 잘 넘겼었고,
귀국해서 세무사 공부할 때는 투자를 아예 안 했었고,
세무사 합격하고 2007년부터 다시 주식을 본격적으로 하고 있었을 때는
2008년 1년 동안 금융 위기를 겪었다.

그때 계좌가 반토막 났다.

매일매일 떨어지는 주가를 보면서
극도로 긴장하니까 두 가지 의식이 공존했다.

하나는 '어떻게 살아남을까' 하는 보호 본능.

또 하나는 '될 대로 돼라'라는 파괴 본능.

그때 보호 본능이 파괴 본능을 앞섰다.

이러다가
다 날릴 수도
있겠다.

하지만 어차피 난 아무것도 없이
무일푼에서 시작했고,
지금은 세무사 자격증도 있고
가진 돈도 있어.
초심을 가지고 더 열심히 집중하자.

2년 동안 열심히 세무사 일하면서
주식투자에 대응했다.

2000포인트에서
1500, 1400, 1300
계속 내려간다

2008년 10월 말 마지막 폭락 음봉이 바닥을 찍었다.

그 이전에 차트를 검토했다.

IMF 때가 1,000포인트에서 270포인트까지 내려갔으니까 거의 1/3수준 하락!

지금은 2,000포인트니까 1/3이면 700포인트 정도까지 내려갈 것이다?

지금 글로벌 금융 위기는
미국에서 생긴 것이었다.

그런데 IMF 때는
아시아권과 한국의 위기였다.

미국은 세계 최강대국이니까
분명 자구책이 나올 것이라 확신했다.

2,000포인트에서
얼마나 더 떨어질까?
IMF 때처럼 1/3까지
폭락은 안 될 것이고….

900포인트가 접점이겠다!

주가 지수는
반드시 오른다!

6화

시장이 좋지 않을 때

지수가 바닥을 찍고 반등하는 것을 확신했지만
선도주가 무엇인지 모르니까 종목 매수 대신
선물옵션 파생 상품으로 상승 포지션을 구축했다.

2008년 10월의 지수 890포인트.
그때가 정확히 맨밑바닥이었다.

그 후로 2009년, 2010년 2년 동안
2,250포인트로 뛰어올랐다.

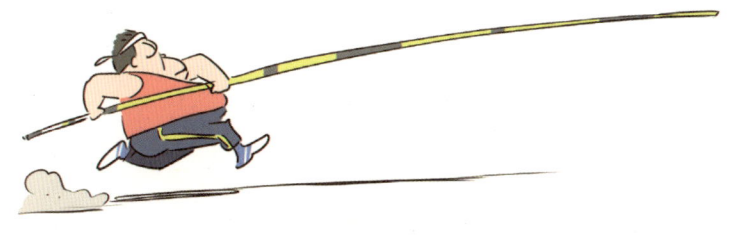

반토막 난 계좌에서 상승 장을 믿고
파생 상품의 상승 포지션과 우량주 위주의 포트폴리오를
계속 밀고나갔더니
지수 상승률보다 훨씬 큰 수익률을 낼 수 있었다.

시장이 좋으면 웬만하면 수익이 나죠. 시장이 좋지 않으면 아무리 용을 써도 손실이 납니다.

그러므로 우리는 시장이 좋을 때는 지수 상승률보다 더 높은 수익을 내는 방법을 연구하고, 시장이 좋지 않으면 지수 하락률보다 조금 더 손실을 방어하고 살아남기 위한 노력을 해야 합니다.

그렇게 해서 주식시장으로부터 영구적인 아웃을 당하지 않는다면 언제든지 기회는 있습니다.

주식투자로 크게 성공한 사람들을 보면서
나도 성공할 수 있다는 믿음을 가질 필요가 있습니다.
동시에 그 성공이 영원한 것이 아니라는 것 또한
명확히 알아야 합니다.

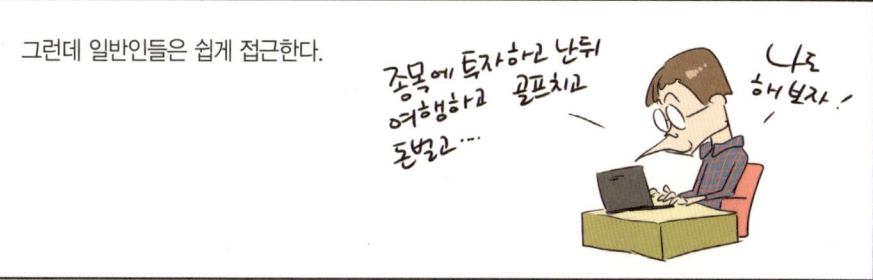

그런데 일반인들은 쉽게 접근한다.

일류 대학을 들어가려면 5~6년 열심히 공부해야 하는데,
주식투자에 일생을 걸겠다면서 대학 입시생만큼 공부하지 않는다.

피겨스케이팅 한다고 모두 김연아가 될 수 없고
야구 한다고 모두 류현진이 될 수 없다.

앞으로 남는 시간을
어떻게 꾸려나가고 싶어요?
주식만 계속할 건가요?

아닙니다.

제 명함에 적혀 있듯
'밸런스투자아카데미'의 의미대로
대중에게 제대로 가르쳐주는
주식투자 교육을 하고 싶습니다.

교육을 통해서
'주식투자자는 전부 사기꾼들이고
언제 망할지 모른다'는
말을 듣지 않도록 하고 싶어요.

아버지에 대한
가족들의
시선은요?

그냥 평범한 가장이었죠.

…이었죠?
지금은
달라졌나요?

와이프나 아이들은 사실 주식투자 잘하니까
'대단해' 이런 것 없었어요.
주식투자를 여러 다른 직업과 마찬가지로
돈을 버는 직업 중의 하나로 생각하고 있는 거 같아요.
당연한 거고요.

그런데 제가 책을 두 권 냈잖아요.
그때부터 바뀌었어요.

생전 개인적인 문자를 보낸 적 없던 장인이 이런 문자를 보냈다.

책을 2권이나 내고 장하다.

그때도 느꼈죠.

지금까지 주식투자자들의 이미지가 역시 좋지 않았구나.

미국에 있는 딸과 통화했다.

친구들한테 울 아빠가 책을 두 권 냈다니까 '진짜 너네 아빠 대단하다, 얘' 이러더라. 미국은 저자에 대한 존경심이 굉장히 크거든.

예를 들면 바둑의 세계에서
이창호가 스승인 조훈현 기사를 꺾고,
또 그러한 이창호를 이세돌이 꺾고 하는 이유도
전성기를 지나는 시기가
언제든 온다는 것을 보여주는 것이겠지요.

운동선수는 체력이 가장 중요한 직업이니
보통 20대 후반에서 30대 초반쯤에 전성기가 올 것이고,
사업가들은 인맥과 경험이 중요하니까
50~60대일 수도 있습니다.

제 경험으로는
주식투자자로서의 전성기는
30대 후반에서
40대 초반인 거 같아요.

30대 초반까지는 경험이 부족했고,
40대 중후반이 되니
체력이나 판단력이
떨어지는 것을 느끼게 됩니다.

주위 친구들이
만화가는 정년이 없어서
좋겠다고 말해요.

나도 그런 줄 알고
있었고요.

그런데 3~4년 전부터 체력이 약해지면서
모든 게 바뀌기 시작했다.

벽에 못을 하나 박으면 좋겠다고 하면서
벽만 쳐다보고 반나절을 보냈다.
그래서 이런 글을 써 붙였다.

생각즉시 행동!
꾸물대지마!

그러니까 주식투자도
손가락으로
자판 누를 수 있을 때까지
할 수 있는 것이 아니네요.

그렇긴 하죠.ㅎㅎ
그래도 순간 판단력이나 집중력이
많이 약해지는 느낌이 들어서
단기투자 비중을 많이 줄이고
중장기 투자 비중을 높여서
투자하고 있습니다.

중장기 투자 비중을 높이니까
좋은 종목으로 포트폴리오를
잘 짜 놓으면 마음도 편하고
장중에 시간적으로나 심적으로
여유가 생겨서 좋아요.

만화를 하루 놀면
다음 날 이틀치 작업을
해야 하는데….
흑!

86세 워런 버핏(Warren Buffett)은
매일 매매하지 않는다.

중장기 매매로 바뀌면서 5% 공시도 한 적이 있다.

이 종목이
그렇게 좋은가요?

아뇨.
투자 스타일의 변화 때문이죠.

예전에는 5% 공시를 할 수 없었다.
오늘 샀다가 내일 파는 일이 많았었으니까.

요즘은 수명을 100세로 계산하는데
내가 죽을 때까지 호주머니에
돈이 있을까 걱정이에요.

우리 나이쯤 되면
친구들이랑 모였을 때
술값을 내는 것이 폼 나요.
슬슬 눈치 보면서
뒤로 빠지면 흉하지요.

아유, 엄살은….
저작권료 많이
나올 텐데요, 무슨….

인세는 시간이
지날수록 동그라미가
하나씩 없어져요.
마냥 좋을 수 없죠.

7화

8T 투자 성공 법칙

성공하는 투자의
필요한 조건은 뭘까요?

미국의 투자자
알렉산더 엘더(Alexander Elder)는
그의 책에서 3M이라는
성공 투자 요소를
말했어요.

"Method, Money, Mind."

즉 주식 기법(Method), 자금 관리(Money), 심리 관리(Mind)입니다.

일반 주식투자자들은 기법이 전부인 줄 알고 고수를 찾아다니지만,

자금 관리와 심리 관리 역시 기법만큼 중요합니다.

심리 관리는 상승 장과 하락 장에서 탐욕과 공포를 다스리는 능력이고,

자금 관리는 투자 비중을 조절해서 시장에서 살아남는 능력이죠.

저는 3M에서 영감을 받아서 8T라는 주식투자 성공 법칙을 만들었습니다.

① TYPE - 당신의 투자 유형을 알라

자신이 어떤 투자자인지 알고,
그에 맞는 투자 전략을 세워야 한다.

얼마나 투자에 열중할 수 있나? 전업 투자자, 프리랜서, 직장인
지식과 경험은 어느 정도인가? 상급, 중급, 하급
위험에 대한 반응은 어떠한가? 위험 선호, 중립, 회피
당신의 재능은 분석인가, 매매인가? 펀드매니저, 트레이더, 애널리스트
당신은 인베스터인가, 트레이더인가, 갬블러인가?
대상에 대한 집중도는 어느 정도인가?

**당신의
투자 전략은?**

② TERM - 당신의 투자 기간을 결정하라

장기 투자를 할 것인지, 단기 투자를 할 것인지를
먼저 결정하는 것이 중요하다.

단기투자 : 상대적으로 위험과 기대수익률이 낮으므로,
선택과 집중의 투자전략이 필요하다.
재료 분석이 주로 쓰이며, 기술적 분석으로 보완한다.

장기투자 : 상대적으로 위험과 기대수익률이 높으므로,
위험을 낮추기 위한 분산효과를 고려해서 투자해야 한다.
기본적 분석이 주로 쓰이며, 기술적 분석으로 보완한다.

장기투자
vs
단기투자

③ TRADING - 매매 개념을 이해하라

투자와 투기 사이에 매매의 개념을 이해해야 한다.
가치는 거의 변동하지 않더라도
단기간에 가격이 급등하는 경우가 흔히 있는데,
단기간의 주가 변동에 대해서 수익을 내려거든
매매 개념으로 접근해야 하기 때문이다.
우리가 보통 부동산은 투자냐 투기냐의 논쟁을 하는데,
내 생각에 부동산은 매매의 영역이다.
우리가 부동산을 거래할 때
'부동산 매매계약서'라는 것을 쓰는 이유를 생각해 보면 이해가 쉬울 것이다.

시장가치 : 장래 기대되는 미래가치 현금흐름을
현재 가치로 평가

시장가격 : 매매 당사자간 교환의 대가로
시장에서 지불된 금액

④ TOP-DOWN - 통찰력을 갖고 선택과 집중을 하라

높이 나는 새가 멀리 볼 수 있는 것처럼
글로벌 시대가 진행될수록
톱다운 방식의 유용성이 더욱 커지고 있다.
특히나 우리나라 주식시장의 경우
미국, 중국, 일본의 눈치를 심하게 보는 경우가
많기 때문에 더욱 그러하다.
글로벌 경제를 보고, 산업 동향을 파악한 후에
톱픽(top-pick)* 종목을 선택하는 톱다운 방식이
바텀업 방식보다 수익 내기 좋다는 것을 깨닫기 바란다.

● **톱픽**(top-pick)
주식에서, 여러 종목 가운데 엄선된 최고의 종목을 이르는 말. '최선호주'라고도 한다.

경제분석

산업분석

기업분석

⑤ TREND - 시장의 흐름을 읽어라

세상에도 트렌드가 계속 변화하듯이
주식시장도 마찬가지다.
주식시장의 트렌드 변화를 빠르게 포착해 나가야
상승 유망 종목을 선정할 수 있다.

추세분석 3가지

1. 상승추세
2. 하락추세
3. 비추세

⑥ TECHNIQUE - 나만의 기법을 개발하라

주식투자로 돈을 벌 수 있는 유일한 방법은
앞으로 오를 만한 종목을 선정하는 것이다.
그러한 종목 선정 기법은 여러 가지가 있는데
그중에서 많은 연구와 연습을 통해서
나만의 기법을 만들어나가야 한다.

1단계. 기술을 배우는 단계
2단계. 기술을 숙달하는 단계
3단계. 기술을 창조하는 단계

⑦ TRAINING - 반복해서 훈련하라

요즘 건강을 위해서 퍼스널 트레이닝하는 것이 유행인데,
주식투자도 매일 트레이닝을 해야 한다.
학교가 없다고, 선생님이 없다고 포기하지 말고
증권회사의 리포트와 전자 공시 시스템의 공시를 교재 삼아
열심히 공부하고 매일 훈련해야 한다.

- **책과 증권과 리포트 읽기**
- **HTS 기능 이해와 사용**
- **매매일지 쓰기**

⑧ TRY - 시도하라 그리고 또 시도하라

인디언이 기우제를 비가 올 때까지 지내는 것과 마찬가지로
성공할 때까지 계속 시도한다면 언젠가는 주식투자로 성공할 수 있다.
다만 계속 실패를 이겨내고 시도하기에는
우리의 자금이 한계가 있다는 점에서
자금관리의 중요성을 깨달아야 한다.
시장에서 퇴출되지 않고 살아남아서 계속 시도한다면
언젠가는 반드시 성공할 수 있다.
마치 인디언 기우제의 끝에는 늘 비가 오는 것처럼.

생존을 위한 나만의 자금관리 원칙
- 신용, 미수 등 레버리지 이용을 자제하자!
- 분산투자하고, 분할매매 하자!
- 물타기 자제, 손절매를 잘하자!

8화
실전 투자 기법 8테크

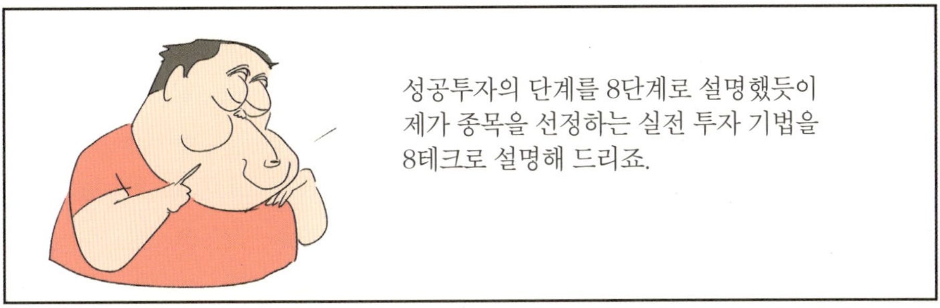

성공투자의 단계를 8단계로 설명했듯이 제가 종목을 선정하는 실전 투자 기법을 8테크로 설명해 드리죠.

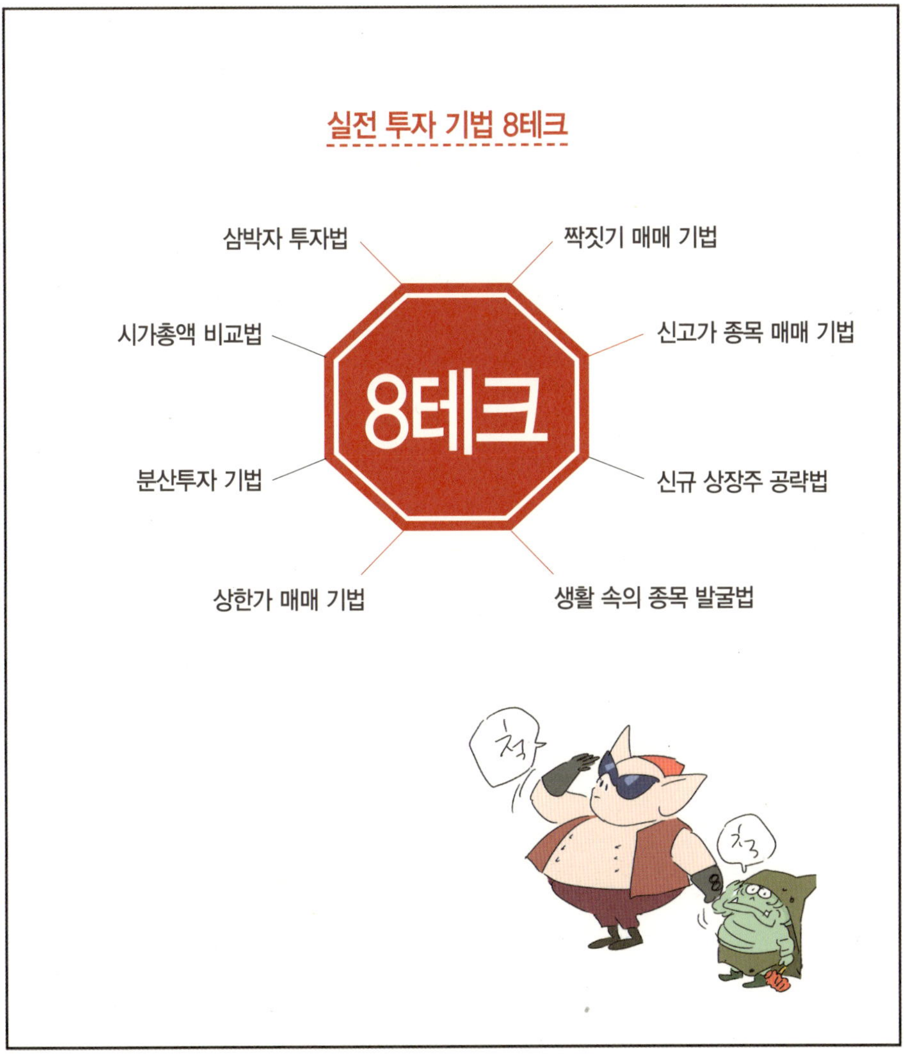

실전 투자 기법 8테크

- 삼박자 투자법
- 짝짓기 매매 기법
- 시가총액 비교법
- 신고가 종목 매매 기법
- 분산투자 기법
- 신규 상장주 공략법
- 상한가 매매 기법
- 생활 속의 종목 발굴법

8테크

① 삼박자 투자법

맛있는 식당을 선정할 때 여러 가지 기준이 있을 것이다.
맛을 중요하게 생각할 수도 있고,
가격 또는 서비스 등을 중요하게 생각할 수도 있다.
맛도 좋고, 가격도 싸고, 서비스도 훌륭하면
그야말로 모두가 좋아하는 맛집이 될 수 있다.
마찬가지로 주식투자 분석 도구 중에 가장 많이 쓰이는 세 가지인
재무제표 분석, 차트 분석, 재료 분석을 다 만족하는 종목이 있다면
모두가 좋아하는 맛집처럼 모두가 좋아하는 종목이 될 수 있다.
이 삼박자 투자법은 누구나 할 수 있는, 그리고
누구나 해야 하는 필승 전략이라 할 수 있다.

➡ 재무제표 분석을 소홀히 한다면?   감자, 관리종목 편입, 상장폐지
➡ 차트 분석을 소홀히 한다면?   회복되지 않는 역사적 고점 매수
➡ 재료 분석을 소홀히 한다면?   원하지 않는 장기보유

② **시가총액 비교법**

식당 옆 테이블에서 이런 이야기를 하는 것을 들은 적이 있다.
"삼성전자 요즘 회사가 많이 안 좋은가 봐."
"왜?"
"삼성전자 주가가 200만 원 넘게 올라갔었는데, 요즘은 5만 원도 안 되잖아."
주식투자를 안 하는 분들이 이런 오해를 하는 경우는 어쩔 수 없다 치더라도
주식투자자들은 절대 해서는 안 되는 착각이다.
주식투자자라면 주가보다 시가총액을 더 중요하게 봐야 한다.
'이 회사의 주가는 얼마냐'가 아닌
'이 회사의 시가총액은 얼마냐'를 항상 봐야 한다.
삼성전자의 주가가 5만 원인 게 중요한 게 아니라
삼성전자가 우리나라 시가총액 1위인 300조인 것이 중요한 것이다.

주가 vs 시가총액 vs PER

③ 분산투자 기법

분산투자를 수익률을 높이기 위한 전략으로 오해하는 경우가 있다.
분산투자의 목적은 위험관리다.
수익률과 위험이 트레이드오프 관계라는 점에서
분산투자를 함으로써 오히려 수익률이 낮아지는 것을 느낄 수도 있다.
분산투자로 위험을 낮추면서 수익률은 유지시켜야겠다는 판단을 해야 한다.
주식투자자는 수익률 극대화와 위험 극소화 양극단 사이에서
균형을 맞추는 줄다리기를 꾸준히 하는 사람이다.
그리고 그 유일한 해답은 분산투자다.

- **업종별, 종목별, 시가총액별 투자금의 균등 분산**
- **매매시점 분산투자 vs 매매가격 분산투자**

④ 상승률 매매 기법

주식투자 20년 경험에서
초창기에 개인적으로 가장 많은 수익을 얻은 기법이 상한가 매매 기법이다.
상한가를 분석하고 따라가서 연속 상한가를 몇 방 치면
일주일에도 두 배 수익이 거뜬하던 시기가 있었다.
다만 요즘에는 상한가가 30%로 확대되면서 상한가 종목이 많지 않다.
그래서 변화를 준 것이 상승률 매매 기법이다.
상한가는 한두 종목밖에 안 나오니
상승률이 높은 종목을 하루에 30~50종목 정도 분석해 보면서
좋은 종목들을 찾아내는 방법이다.

- **직접 공략 : 강한 갭 상한가 종목의 공략**
- **간접 공략 : 테마주 순환매를 예상한 선취매**

⑤ 짝짓기 매매 기법

와인을 무척 좋아한다.
와인과 음식의 조화를 '마리아주(mariage)'라고 하는데,
육류에는 레드 와인, 생선에는 화이트 와인 뭐 이런 궁합을 말한다.
주식 종목들도 각각 궁합이 있다.
어떠한 하나의 재료에 같은 움직임들이 나오는 종목군을
'테마'라고 부르는데, 테마가 강하게 형성될 때는
수개월에서 1년 이상 강한 움직임을 보일 때도 있다.
테마는 도박이라고 거부감을 가질 필요가 없는 게,
금융주, 반도체주, 조선주 등 이러한 동일 업종의 종목들도
넓게 봐서는 테마라고 생각하면 이해가 빠를 것이다.
궁합이 좋은 종목들을 모아서 주가를 살펴보면
좋은 매수 기회를 잡을 수 있다.

보완재 **커피와 프림**

"A종목이 오르면 B종목이 오른다."

대체재 **소고기와 돼지고기**

"C종목이 오르면 D종목이 내린다."

⑥ **신고가 종목 매매 기법**

가장 좋아하는 차트는 정배열 신고가 차트다.
정배열이라고 하면 오랜 시간 동안 주가가 오르고 있다는 뜻이고,
신고가는 오늘의 종가가 전 고점을 뚫었다는 뜻이다.
즉, 매일매일 오른 종목이 신고가 종목이 된다.
주가가 매일매일 올랐다면
내일도 오를 확률이 더 높다는 관점에서
종목을 선정하는 것이 신고가 매매 기법이다.
특히 강세 장에서 큰 힘을 발휘하며,
반대로 약세 장에서는 신고가 종목을 거의 찾아내기 힘들다.
신저가 종목이 많다.

피라미딩 기법

"올라가는 종목을 사고, 더 올라가는 종목을 더 사라."

⑦ 신규 상장주 공략법

주식시장에서는 새로운 재료가
오래된 재료보다 훨씬 강력하다.
마찬가지로 새롭게 상장된 종목이
주식투자자의 사랑을 받으면서
급등 종목으로 탄생하는 경우가 빈번하게 발생한다.
좋은 재무구조와 핫한 업종, 그리고
적정한 공모가 수준으로 신규상장된 종목은
의외의 큰 수익을 주는 종목이 될 수 있다는 점을 기억하라.

- **주도 업종인가?**
- **공모가가 적정한가?**
- **시초가가 적정한가?**

⑧ 생활 속의 종목 발굴법

"미치면 통한다"라는 말처럼
주식투자에 미치면 일상생활에서
많은 종목 발굴의 기회를 포착할 수 있다.
월가의 '전설의 영웅' 피터 린치도 그의 책에서
일상생활에서 얼마나 많은 종목 발굴 기회를 포착할 수 있는지 강조했다.
우리는 마트에서, 병원에서, 길거리에서, 그리고 TV를 보면서
애널리스트보다 먼저 실적이 좋아지는 종목을 찾아낼 수 있다.

- **뉴스** 정치, 경제, 사회, 소비, 문화
- **소비생활** 테슬라, 레깅스 열풍, 새벽배송, 넷플릭스
- **회사 업무** 자신의 전문 지식으로 발굴

9화

삼박자 투자법 2

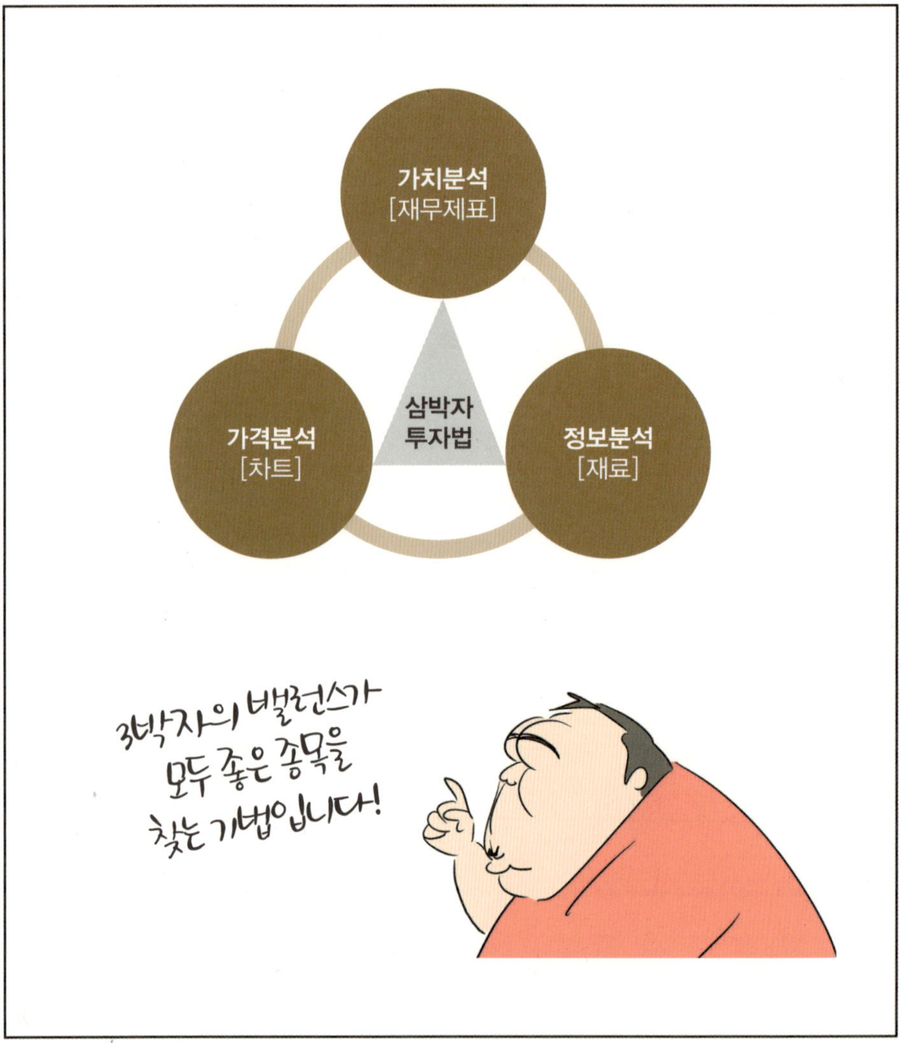

① **정보 분석**

보통의 투자자들이 주식을 시작하는 이유는
친구에게 언질을 받았기 때문이다.
"A주식 꼭 사."
"왜?"
"정보가 있잖아. 구체적으로는 말할 수 없고 너만 알고 꼭 사."
이러한 정보를 받고 주식투자를 시작하지만 성공하는 사람은 없다.
그렇다면 정보는 백해무익할까?

DART도 안 들어가 봤으면,
주식하지 마세요~
(전자공시 시스템)

그렇지 않다.
주식투자에서 정보는 매우 중요하다.
우리에게 노출되지 않은, 공개되지 않은
지라시처럼 도는 정보가 중요한 것이 아니고,
모두에게 공개된 증권사 리포트나 공시된 정보들이 훨씬 중요하다.
모두에게 공개된 정보지만
그 정보를 판단하고 분석하는 능력이 다 다르기 때문에
남들보다 내가 더 정보 분석을 잘하도록
노력하고 경험을 쌓아나가면 된다.

그렇다면 수많은 정보 중에 어떤 정보가 중요한 걸까?
우리에게 중요한 정보는 주가를 오르게 하는 정보다.
즉, 매일 주가가 오른 종목을 공부하면서
어떤 정보가 주가를 오르게 하는지
데이터화시키고 노하우를 축적해 나간다면
그다음부터는 어떤 정보를 접했을 때
그 정보가 주가를 얼마나 상승시킬 만한 정보인지 쉽게 파악할 수 있다.

② 가격분석

주식투자자들이 가치를 중요하게 생각하는 반면
가격은 별로 중요하게 생각하지 않는 경향이 있다.
하지만 우리는 가치의 증가로써 수익을 내는 것이 아니고
가격의 상승으로써 수익을 낼 수 있을 뿐이다.
즉, 낮은 가격에 사서 높은 가격에 팔기 위해서
가격 분석은 필수라는 이야기다.

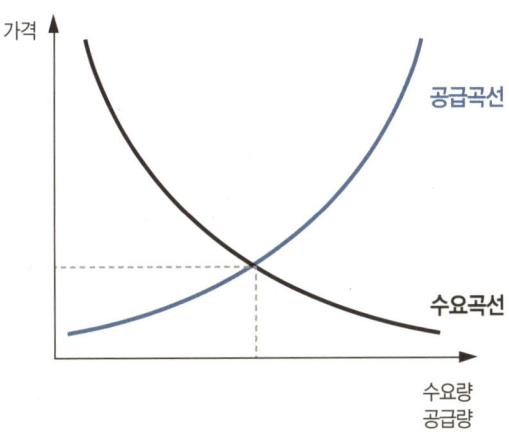

가격을 분석할 때는 크게 두 가지로 나누어서 볼 수 있다.
하나는 현재 가격을 결정하는 것은 수급이라는 점이다.
경제학에서 가장 오래된 이론인 가격 이론을 생각하면 쉬운데
수요와 공급의 교차점에서 균형가격이 결정되는 것처럼
매수(수요)와 매도(공급)에 의해서 가격이 결정된다.

즉, 주가의 변화는
매수 주문과 매도 주문으로부터 시작된다는 것을 이해해야 한다.
두 번째, 가격을 분석할 때 중요한 것은 과거의 가격분석이 중요하냐의 여부다.
개인적으로 과거의 주가를 중요하다고 보는데
주가는 결국 '상승 추세 - 고점 - 하락 추세 - 저점'의 4단계를
영원히 반복할 수밖에 없기 때문이다.
따라서 차트 분석을 통해 추세를 찾아내고 변곡점을 예상하는 것은 중요한 무기가 될 수 있다.

③ 가치분석

삼박자 분석 중에 가장 중요한 것이 무엇이냐고 묻는다면 가치분석이라고 답할 수 있을 정도로 가치분석은 매우 중요한 분석 도구다. 특히 극단적으로 설명한다면 정보 분석과 차트 분석을 잘해서 좋은 종목을 선정한다 해도 가치분석을 하지 않은 경우에는 내가 산 종목이 부실한 종목인 경우에 유상증자나 감자, 나아가서 관리종목이나 상장폐지가 될 수 있기 때문이다.
그렇다면 우리는 가치분석상 부실한 종목만 걸러내면 될까?

그렇지 않다.
가치분석을 통해서
두 가지 유형의 유망 종목들을 찾아낼 수 있다.
하나는 저평가 우량주다.
즉, 가치보다 가격이 낮은 종목을 찾아내서 매수를 한다면
중장기적으로 그 종목의 낮은 주가는
가치를 따라서 높아질 수 있기 때문이다.

또 다른 하나는 성장주다.
매 분기 또는 매년 가치가 증가하는 종목은 성장주라고 할 수 있다.
성장주는 성장이 언제 꺾일지 모르지만
성장이 꺾이기 전까지는 성장과 함께 주가도 매년 상승한다.
따라서 성장주를 잘 찾아내서 중장기 투자를 한다면
피터 린치가 말하는 열 배 상승 종목, 텐배거를 찾아낼 수 있을 것이다.

10화

성장주에 투자하라!

성장주에 투자하라! 라는
책도 쓰셨는데…

가치주보다 성장주를
더 좋아하는 이유는?

저는 '성장주에 투자하라' 라는
타이틀로 강연회도 하고있고,
그 타이틀로 책까지 냈습니다.

'가치주 VS 성장주' 는
주식투자자들에게
해묵은 논쟁이긴 한데…

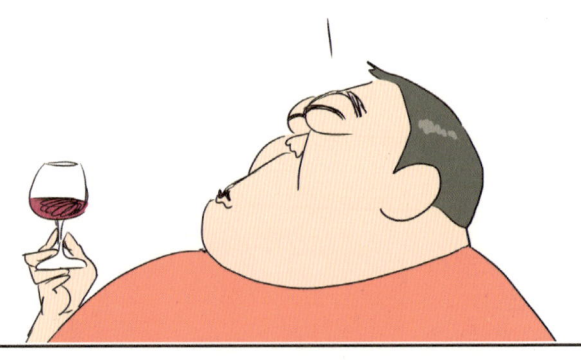

가치주는 가치투자자의 영역이고,
성장주는 가치주의 반대개념이라고
생각하는 이들이 많은데
절대 그렇지 않다.

가치주는 저평가주를 뜻한다.

또 저평가주의 반대개념으로
기업의 현재가치보다 높은 가격에 거래되는 종목을
고평가라 한다.
보통 말하는 거품주가 이에 속한다.

또한, 성장주의 반대개념으로

성장이 멈추고 쇠퇴가 시작되어 현재의 기업가치보다 미래의 기업가치가 더 작아질 거라 예상되는 주식을 역성장주라고 한다.

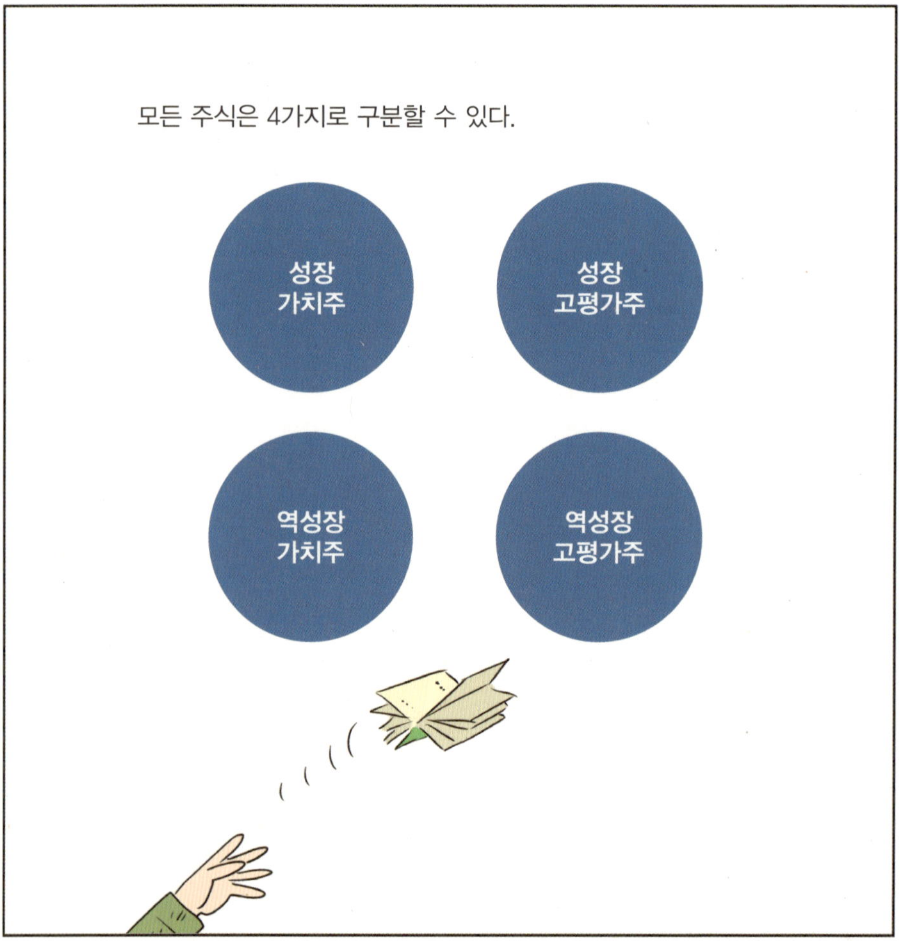

모든 주식은 4가지로 구분할 수 있다.

- 성장 가치주
- 성장 고평가주
- 역성장 가치주
- 역성장 고평가주

결론부터 말하자면, 시간은 성장주의 편이다.
시간이 지날수록 성장은 지속되고,
성장주의 주가는 계속 오를 것이기 때문이다.

우선순위를 매겨보자면

성장 가치주 > 성장 고평가주 > 역성장 가치주 > 역성장 고평가주

우리는 성장하는 가치주를 찾아야 한다!

지금은 성장주에 유리한 시기!

AI, 로봇, 자율주행 등…

4차 산업 혁명이 계속되는 기술 혁신의 시대

성장주만이 텐배거가 될 수 있다
주식투자의 큰 성공은 주도주투자에서 나온다.

성장주에 대한 공부를 열심히 하고,
그 중에 주도주를 찾아 투자하는 것이
'쉽게 큰돈을 벌기 위해'
주식투자를 하는 이유에 가장 적합한 투자 전략이다!

성장산업에 속한 종목이
성장주일 확률이 훨씬 높다!

성장산업을 찾는 3가지 방법

첫번째, 시가총액 상위 종목들을 체크하고,
현재 주도 산업이 무엇인지 파악하라!

두번째, 정부 정책을 주의를 기울이자.
정부 정책에 맞서지 마라! 라는 격언도 있다.

세번째, 생활 속에서 시대의 변화를 통해
미래 성장산업을 예측하라.

11화

포트폴리오 운영법

8테크와 삼박자 분석, 성장주만 잘 고르면 성공할 수 있는 건가요?

종목 선정만큼, 중요한 게 있습니다. 바로 포트폴리오 운영입니다!

주식투자는 단순히 좋은 종목을 사는 것이 아니라, 포트폴리오를 어떻게 구성하고 운영하느냐에 따라 장기적인 성과가 크게 달라집니다.

포트폴리오 운영?...

1. 종목수(N)

먼저, 주식투자자는 자신이 보유해야 할
적정 종목수(N)를 우선 정해야 합니다.

투자금의 규모에 따라, 기대 수익률을 높이고,
리스크에 대한 대비가 가능한 적정한 종목수가
다르기 때문입니다.

Number (종목수)

포트폴리오에 종목수가 너무 많다면?

리스크 분산을 위해 분산투자가 필요하지만,
너무 많은 종목을 보유하면 오히려 투자 효율이 떨어질 수 있습니다.

결국 개별 종목에서 큰 수익을 내더라도,
전체 포트폴리오 수익률은 시장 평균과 비슷해질 가능성이 높습니다.

즉, 초과 수익을 얻기 어려워지고,
기대한 만큼의 성과를 내기 어렵습니다.
결국 ETF를 사는 것과 다를 바 없는 포트폴리오입니다.

한 종목에 몰빵인 계좌는?

한 종목에 올인(몰빵)하는 전략은 높은 수익을
기대할 수도 있지만,
리스크가 극단적으로 커지는 위험한 방식입니다.

한 종목에 모든 자금을 투자하면 기업 고유 리스크와
시장 변동성에 직접적으로 노출되므로 손실 위험이 큽니다

그런 위험에 처하게 된다면, 손실을 회복할 기회조차
사라지게 된다는 것을 명심하세요.

2. 배분 (1/n)

주식 투자는 고수익과 함께 큰 리스크를 동반하는데,
분산 투자를 통해 리스크를 줄이면서도
안정적인 수익을 기대할 수 있습니다.

효율적인 주식 포트폴리오를 분산은
투자금을 기준으로 업종별, 종목별, 시가총액별로
균형을 맞추는 것이 핵심입니다.

**포트폴리오 운영에서 종목수(N) 다음으로
중요한 것이, 배분(1/n)입니다.**

● 업종별 투자금 배분

전체 포트폴리오에서 특정 업종의 투자금 비중이 너무 크거나, 너무 작지 않게 균형을 맞추는 것이 중요합니다.

특정 업종의 투자금 비중이 너무 크다면, 해당 업종의 업황 부진이나 약진에 따라 전체 포트폴리오가 영향을 받게 됩니다.

반대로, 전체비중에서 너무 작은 비중의 업종은 전체 포트폴리오에 아무런 영향을 주지 못합니다.

균형적인 분산효과는 리스크를 줄이면서도 시장 변화에 유연하게 대응할 수 있게 한다는 점을 명심하세요.

● **종목별 투자금 배분**

적정한 종목수를 정하고, 투자할 업종들의 종목 선정을 마쳤다면,
종목간의 투자금 역시 균형적으로 배분해야 합니다.

해당 종목의 경기나 업종 상황을 고려하여
일부 차등을 두는 것도 나쁘지 않습니다만,

특정 종목의 투자금 비중이 너무 크다면,
해당 종목의 실적 악화, 부정 사건, 회계 부정 들의 문제로
주가가 폭락할 경우 큰 손실을 볼 수 있습니다.
포트폴리오의 분산 효과를 전혀 누릴 수 없게 됩니다.

반대로, 투자금이 너무 작은 종목은 포트폴리오에
아무런 영향을 주지 못합니다.

투자금 대비 적정 종목수보다 많은 종목을 보유하고 계셔서
일부 종목의 편출을 고려하고 계신다면 포트폴리오에서
가장 먼저 편출을 해야 하는 종목이라고 볼 수 있습니다.

● 시가총액별 투자금 배분

시가총액별로도 적절히 배분해 줄 필요가 있습니다.
대형주, 중형주, 소형주를 섞어야 변동성을 줄이면서도
수익을 극대화 할 수 있습니다.

대형주는 안정성이 높고,
중형주는 성장가능성이 높으며,
소형주는 고위험 고수익 가능성이 있습니다.

3. 수익률 관리

적절한 종목수에 업종 및 투자금별 배분까지 균형있게
맞추어진 포트폴리오는 주기적인 점검을 통해
익절/손절 등의 수익률 관리 및
종목교체, 리밸런싱 등의 운영이 필요합니다.

당신의 포트폴리오에
마이너스 종목만 남는 이유는?

빠른 수익 실현과 손실 종목 물타기

포트폴리오 운영의 핵심!!

어느 종목을 편출하고 어느 종목을 신규 편입할지 판단하는 것

편출 : 업종 교체가 아닐 시 동일 업종 내 종목 교체
편입 : 포트폴리오 내 동일 업종 종목 교체

좋은 종목보다 좋은 포트폴리오가 더 중요하다는 것을 명심하시고, 본인만의 포트폴리오 전략을 설정하셔서 성공 주식투자 하시길 바랍니다.

12화

부자의 공식

역시 슈퍼개미가 가르쳐주니
이제 주식이 뭔지 조금
감이 잡힐 것 같다.

이세무사님은 그야말로,
흙수저에서 슈퍼개미라는
큰 부자가 되셨다.

부자의 공식이라는 책도 내셨는데,
이 공식을 알면 다 부자가 되는 건가?

모든 사람은 부자를 꿈꾸지만,
정작 부자가 어떤 사람인지.
또 부자가 되기 위해서 어떻게
해야 할지 모르는 사람이 많습니다.

심지어,
부자가 되는 것을 포기한 분들도
많습니다.

종교는 없지만,
제가 아주 좋아하는 기도문입니다.

"신이여! 바라옵건대
제게 바꾸지 못하는 일을
받아들이는 차분함과
바꿀 수 있는 일을
바꾸는 용기와
그 차이를 구분하는
지혜를 주옵소서."

-니버의 기도-

부자가 되는 일은
분명 바꿀 수 있는 일입니다!!!

부자란 누구인지
먼저 알아야 합니다!

유량 (流量, flow)
일정기간
소득, 지출
손익계산서

――― 돈을 많이 버는 사람은
부자가 아니라
고소득자입니다!

유량 : 1분당 5L씩 흐름

저량 : 총 50L

저량 (貯量, stock)
일정시점
부, 부채, 자본
재무상태표

――― 돈을 많이 가지고 있는 사람
이 부자입니다

그래서 부자가 되기 위해선,
어느 시점에 얼마를 가진 부자가 될 것인지를
구체적으로 결정해야 합니다.

객관적으로 누가 봐도 부자인
목표를 세워야 합니다.

혼자만의 주관적인 부자는
진짜 부자가 아닙니다!

**삼시 세끼를 굶지 않고,
마음만 편안하다면 나는 부자!!!**

또한,
돈의 미래가치와 현재가치의
차이를 정확히 이해해야 합니다.

**미래가치(FV)와 현재가치(PV)
이자율(R)과 경과년수(n)의 관계**

$$FV = PV \times (1+R)^n$$

Ex. 현재 100만 원의 5년 후 가치는?
 (연 이자율 10%)

FV = 100만 원 × (1+0.1) = 161만 원

나만의 부자 목표는 상수

FV = PV × (1+R)^n

FV는 100억, n은 10년 후

목표가 구체적이고,
실현 가능성이 높아야 합니다!

부자가 되는데 영향을 미치는 건 변수

FV = PV × (1+R)^n

현재가치(PV)와 이자율(R)은 클수록
부자 목표를 달성할 활률은 커진다!

PV(현재가치)를 키우려면!!
상속이나 증여를 받거나, 복권에 당첨되든가
그런데 그마저 없다면… 즉 소위 말하는 흙수저라면?

G는 소득성장률

연간소득을 높여야죠!

연간소득 = 수입 – 지출

(수입-지출)의 성장률을 G라고 한다면
G를 올릴수록 빨리 부자가 된다.

→ **수입을 높이는 방법** 〉 연봉, 사업소득 (지분가치), 재산소득

→ **지출을 줄이는 방법** 〉 기회비용 고려 최선의 소비 선택

그럼 R(이자율)은 어떻게 올려야 하는가요?
과거에는 이자율이 10%가 넘었지만,
현재 저금리 시대에서는…

R은 투자 수익률!

더 높은 투자 수익률을 만들어내야만 합니다
부동산, 주식, 대체투자 등으로요!

다만, 높은 투자 수익률은 높은 위험을 수반한다는 것을
이해하자!

부자가 되는 유일한 방법은
바로 G x R

부자의 공식 G x R

목표금액 FV
$$= \frac{\text{현재 순자산} \times (1+R)^n}{\text{일시금의 미래가치}} + \frac{\text{현재 순소득} \times (1+G)^n \times (1+R)^n}{\text{연금의 미래가치}}$$

FV는 클수록, n는 작을수록
높은 위험으로 R을, 뼈를 깎는 고통으로 G를

부자의 공식은 알았지만…
쉽지 않군.

G (소득성장률)을 높여야 하고,
R (투자수익률)도 높여야 하고…

너무 열심히 살아야겠는데?

욕심을 버리거나!
노력을 하거나!

해야겠죠?

13화
성공 투자자가 되는 꿀 TIP

투자수익률을 높일 수 있도록 마지막으로 주식투자자들에게 들려주고 싶은 말이 있으면 해주세요.

① **주식투자자의 자질**

'주식투자자로서 성공에 필요한 자질이 있을까?'라는 생각을 많이 해봤다.
내가 생각해 낸 8가지의 자질은
창의력, 기억력, 통찰력, 분석력, 결단력, 자제력, 호기심, 성실성이다.
이 중에서 앞의 6가지는 타고난 능력이기에 마음을 바꾼다고 쉽게 능력치가 올라가지 않는다.
예를 들면 '오늘부터 창의적으로 일해야지', '오늘부터 기억력을 높여서 잘 기억해야지' 한다고 창의력이나 기억력이 갑자기 좋아질 리는 없다.

그럼.. 꿀팁 몇가지 드리도록 하겠습니다!

하지만 호기심과 성실성은 그렇지 않다.
주식투자와 관련된 여러 가지를 공부할 때
궁금증과 호기심을 갖고 하면
더욱 재미있게 공부해 나갈 수 있을 것이다.
또한 열심히 공부해야겠다는 결심을 하고
성실히 하루하루 성취해 나간다면
성공 투자의 길이 가까워질 것이다.

② **주식투자자의 심리**

분석을 아무리 잘하고 매매 기법이 아무리 좋아도
심리 관리에 실패하면 좋은 성과를 거둘 수 없다.
주식투자 20년을 하면서 가장 좋아하는 문장이 세 가지가 있다.
이 세 가지 문장 모두 심리 관리에 큰 도움이 되었다.

"아무도 믿지 마라"

주식투자를 하면서 많은 사람들에게 여러 가지 말을 듣게 된다.
그러한 내용이 시황이든, 기법이든, 종목 추천이든
한 귀로 듣고 한 귀로 흘려라.
또는 정말 도움이 되는지 엄정하게 검토하라.
일단 기본은 다른 사람의 말을 믿지 않는 것이다.
주식투자는 스스로 분석하고, 스스로 판단하고, 스스로 결정하고,
스스로 책임지는 것이기 때문이다.

"이 또한 지나가리라"

주식을 오랫동안 하다 보면
긴 상승장이나 긴 하락장을 반드시 만나게 된다.
정말 하늘 높은 줄 모르고 끝없이 뻗어가는 강한 상승장이나
바닥 밑에 지하실, 그 밑에 땅굴을 경험하게 되는 무서운 하락장을
경험하게 되면 탐욕과 공포가 크게 자리잡는다.
그때마다 반드시 생각해야 한다.
"이 또한 지나가리라"는 문장을 말이다.

"주식 참 어렵다"

특히 초보자일수록 정말 주식을 쉽게 생각한다.
주식을 쉽게 생각하면 공부도 안 하게 되고
투자 자금만은 계속 투입하게 되는 최악의 상황이 온다.
주식은 어려운 것이다.
쉽다면 누구나 벌써 주식으로 큰 부자가 되었겠지만
주변을 보면 주식으로 돈 번 사람보다 돈 잃은 사람을 훨씬 많이 볼 수 있다.
주식은 어렵다는 것을 인정하고 위험한 행위라는 것을 인정한다면
투자 자금 투입도 더 조심스럽게 되고,
공부도 더 열심히 하게 될 것이다.

③ 투자 일지

공부를 잘하는 아이들의 비법 중 하나가 오답 노트다.
내가 틀린 문제를 기록하고
왜 틀렸는지를 기억하기 위한 노트다.
주식투자도 마찬가지다.
내 종목 선정이 왜 틀렸는지, 매수와 매도 타이밍이 왜 틀렸는지를
계속 기록해 나간다면 그 오답 노트는
나를 성공한 투자자로 만드는 황금 열쇠가 될 것이다.
기억하지 못한다면 적어라.
아니 기억하지 못하기 때문에 적어야 한다.

④ 폭락장 대처 방안

미·중 무역전쟁에 이어서 한·일 경제전쟁, 그리고 금리에 환율까지
최근 시장에 불확실성이 더해지면서
거래소, 코스닥 양시장 급락 장세가 연출되고 있다.
여러 주식투자 커뮤니티에 들어가보면
급락장에 멘탈이 붕괴된 많은 투자자가 불안에 떨며 쓴
글들을 볼 수 있다.
어린아이가 뜨거운 불을 느껴야
다시는 불에 가까이 가지 않듯이
폭락장도 경험한 사람과 경험하지 못한 사람의 대응은 천지 차이다.
주식투자는 '예측과 대응'이라는 말이 있다.
폭락장을 미리 예측했다면 조금 더 잘 대응할 수 있었겠지만,
미리 예측하지 못했더라도 폭락장이 오면 적절한 대응을 해야 한다.
폭락장의 적절한 대응은 무얼까?

첫째, 왜 빠지는지에 대해서 깊게 생각하는 버릇을 갖자.
'결자해지'라는 말이 가장 잘 들어맞는 것이 폭락장이다.
시장이 폭락한 데 원인이 있다면
그 원인이 해결될 때, 즉 악재가 해소될 때
장은 안정을 찾을 것이다.

둘째, 바닥을 미리 예단하지 말자.
주식에는 추세라는 것이 있어서
오를 때 오르는 힘 또는 내릴 때 내리는 힘이 강화되면서
주가가 생각보다 오래 유지될 때가 있다.
우리가 바닥이라고 생각하는 지점이
추가 하락의 시작점이 될 수도 있으니
쉽게 바닥을 예단하지 말자.
바닥 밑에 지하실, 지하실 밑에 땅굴이 있을 수
있으니까.

셋째, 경험을 했다면 기억해 내고, 경험하지 못했다면 찾아봐야 한다.
과거 폭락장의 주가 움직임을 말이다.
과거 지수가 반토막 이상 났던 폭락장을 꼽으라면
1997~1998년 IMF, 2000년 밀레니엄 파동,
2008년 미국발 금융 위기 등이다.
폭락장의 차트를 찾아보면서,
생각보다 많이 빠질 수 있다는 것, 그리고
모든 희망이 사라질 때쯤 반등은 반드시 시작된다는 것 등
폭락장의 기본 원리를 깨우쳐야 한다.

넷째, "모를 때는 손 빼"라는 바둑 격언처럼
손절매 또는 추가 저점 매수에 대한 판단이 어렵다면,
특히 심리적인 부분을 이겨내기 힘들다면
당분간 아무것도 하지 않는 것도 좋은 전략이다.
즉, 매매를 쉬고 보유 종목을 계속 보유한 채
시장의 상승 신호를 기다려보는 것이다.
이때도 시장을 계속 관찰해 나가야 하는 것은 물론이다.

⑤ 주식투자의 동기부여

어떤 일을 달성한 사람들은 최선을 다한 사람들이고,
최선을 다한 사람들은 그 일의 성취에 대한
동기부여가 잘 되어 있는 사람들이다.
'나는 왜 주식투자를 하는가?'라는 질문을 자주 하며
해답을 찾는 것이 좋다.

나의 경우에는
'해야 하는 일 = 하고 싶은 일 = 잘하는 일 = 주식투자'로
접근했다.
보통 해야 하는 일은 직업을 말한다.
그래서 내가 하고 싶은 일을 직업으로 삼는다면
가장 행복한 직업 선택이 될 수 있다.
또 다른 직업 선택의 기준은 잘하는 것이다.
좋아서 선택한 직업인데,
내가 그 일을 잘할 수 없다면
자존감 하락을 떠나서 돈을 벌고자 하는
최초의 목적 달성도 어려워질 수 있다.
나는 주식투자를 너무 좋아했고,
주식투자를 잘하기 위해서 노력했고,
주식투자로 많은 돈을 벌어왔다는 것,
이것이 나에게 주식투자의 가장 큰 동기부여다.

허영만의 주식타짜
슈퍼개미 이세무사

초판 3쇄 발행	2025년 7월 21일
글·그림	허영만
펴낸이	신민식
펴낸곳	가디언
출판등록	제2010-000113호
주소	서울시 마포구 토정로 222 한국출판콘텐츠센터 419호
전화	02-332-4103
팩스	02-332-4111
이메일	gadian@gadianbooks.com
CD	김혜수
마케팅	남유미
디자인	미래출판기획
종이	월드페이퍼(주)
인쇄 제본	㈜상지사P&B
ISBN	979-11-6778-155-0 (03320)

* 책값은 뒤표지에 적혀 있습니다.
* 잘못 만들어진 책은 구입하신 서점에서 바꾸어 드립니다.
* 이 책의 전부 또는 일부 내용을 재사용하려면 사전에 가디언의 동의를 받아야 합니다.